Lb 40/377

DISTRICT SAINT-SÉVERIN.

DISCOURS
PRONONCÉ DANS L'ÉGLISE
SAINT-GERMAIN-LE-VIEIL,
EN CITÉ;

Le mardi 13 Juillet 1790, Anniversaire de la Révolution, devant le Bataillon assemblé ; & le mardi 20 du même mois, en présence du Comité civil, du même Bataillon, & de MM. les Députés des Départemens au Pacte Fédératif ;

Par Mᵉ LOUIS-FERDINAND-AMABLE LAMBERT,

Premier Vicaire de la Paroisse, & Aumônier de la Garde Nationale Parisienne.

A PARIS,
De l'Imprimerie de QUILLAU, Imprimeur du District, rue du Fouare, N° 3.

Extrait des Registres du Comité de Saint-Severin.

Du 27 Juillet 1790.

Le Comité dont les circonstances du moment ont suspendu les Assemblées générales depuis le 10 du présent mois, considérant que sur la Motion de M. Coutault, Curé de Saint Germain-le-Vieil, & suivant le vœu unanime du Bataillon, il a été célébré dans cette Paroisse une Messe solemnelle & un *Te Deum* en actions de graces de l'Anniversaire du 13 Juillet de l'année dernière, jour où les Citoyens du District de Saint-Severin prirent les armes pour la conquête de la Liberté; qu'au milieu de cette cérémonie religieuse & patriotique, M. l'Abbé Lambert, premier Vicaire de la Paroisse, Aumônier du Bataillon, a prononcé un Discours où domine l'expression énergique du Patriotisme, que ce Discours a fait la sensation la plus vive sur les auditeurs; mais qu'étant en petit nombre à cause du *Te Deum* de MM. les Electeurs en l'église de Notre-Dame, où par ordre supérieur étoit appellée la plus grande partie du Bataillon, ils n'ont pu manifester leurs sentimens à M. Lambert; que jaloux d'en saisir les occasions, ils l'ont engagé à prononcer de nouveau ce Discours le 20 du même mois, à la suite de la Messe & du *Te Deum* en actions de graces de la Fédération, que MM. les Fédérés logés dans le District y assistèrent; que le Discours de M. Lambert fit une sen-

A 2

(4)

tation non moins vive cette seconde fois ;
que l'impression en fut votée ; que MM. les
Fédérés exprimèrent le même vœu ; qu'une
des plus précieuses fonctions des Commissaires est de veiller à l'exécution des vœux de
l'Assemblée ; que jamais occasion plus propice ne s'en est présentée, puisqu'elle tend à
propager les sentimens patriotiques qui ont
toujours distingué les Citoyens du District.

A arrêté que ce Discours sera imprimé au
nombre de deux mille exemplaires, en *Petit-Romain*, par M. *Quillau*, Imprimeur du District, & qu'exemplaires en seront envoyés à
M. le Maire, à MM. les Représentans de la
Commune, à M. le Commandant général, à
MM. de l'Etat-Major, à MM. les Fédérés, à
MM. les Aumôniers des 59 autres Bataillons, aux 59 Bataillons ; & que copie du
présent arrêté sera remise par MM. Beaupré,
Tellier & Fain, à M. Lambert ; & que ces
Messieurs seront chargés de lui témoigner les
sentimens d'estime & de reconnoissance que
lui ont voué les Citoyens à l'Assemblée générale dont le Comité se félicite en ce moment d'être l'organe : a arrêté en outre, que
la même députation se rendra auprès de M.
le Curé de St-Germain-le-Vieil pour lui témoigner les mêmes sentimens, sentimens qui
sont dûs à ce Pasteur respectable pour le zèle
qu'il a constamment manifesté depuis la révolution.

*Collationné par Nous, Secrétaire soussigné,
les jour, mois & an que dessus.*

TEISSON.

DISCOURS

PRONONCÉ dans l'Eglife Saint-Germain-le-Vieil, en Cité, le mardi 13 Juillet 1790, Anniverfaire de la Révolution, devant le Bataillon affemblé ; & le mardi 20 du même mois, en préfence du Comité civil, du même Bataillon, & de MM. les Députés des Départemens au Pacte fédératif.

Ubi Spiritus Domini, ibi Libertas.
Là où règne l'Efprit du Seigneur, là règne auffi la Liberté. *De la feconde Epître de St-Paul aux Corinthiens, Chap. III.*

MESSIEURS,

Qu'IL eft puiffant cet efprit de Dieu dont parle ici l'Apôtre des Nations ! qu'il eft efficace ! Après avoir pénétré de fa douce influence tous les corps qui entrent dans la ftructure de ce vafte univers ; après leur avoir communiqué la vertu qui les fait agir & qui les féconde, il opère encore en nous-mêmes par l'étendue de nos défirs & par la variété de nos penfées, il donne à tous les hommes la liberté de mériter ou de démériter felon l'ufage de leurs facultés : *Ubi Spiritus Domini, ibi libertas.*

Avec tant de prérogatives précieufes nos foibleffes, ô grand Dieu ! nous afferviffent aux plus honteufes paffions, nous dénaturons en quelque forte notre ame, & au lieu de nous affranchir de la fervitude du péché,

A 3

nous nous rendons esclaves de tout ce qui flatte l'orgueil & la sensualité : la prudence se change en foiblesse, l'économie en avarice, la générosité en prodigalité, la justice en cruauté, le pouvoir en despotisme ; ceux qui ne devoient commander qu'au nom de la Loi deviennent les tyrans de leurs propres frères, & cette Sainte Liberté qui caractérise les enfans du Seigneur s'étouffe sous le joug de l'oppression.

Mais votre Providence, ô mon Dieu, toujours attentive à nos besoins, a détourné pour nous le cours de ces injustices ; par une miséricorde infinie vous avez daigné vous même rompre nos liens & sauver l'Empire incliné vers sa ruine. *Laqueus contritus est, & nos liberati fumus.*

Graces vous soient donc à jamais rendues, Arbitre Suprême de nos destinées, de ce que par cette protection spéciale vous avez opéré tant de merveilles en nous restituant à ce premier état de franchise qui nous mérita le nom de FRANÇOIS, & dont la Nation aujourd'hui solemnellement assemblée revendique les droits & proclame la légitimité.

Vérité qui va faire le partage de ce Discours & qui doit vous être d'autant plus chère qu'elle vous prouvera, 1° Que les Citoyens de la Capitale rendus à eux mêmes dans la journée du 13 Juillet 1789, sont redevenus ce qu'ils devoient être.

2°. Que par ces événemens mémorables, ils ont, suivant l'expression énergique de ce Philosophe Citoyen placé à la tête de la Municipalité, *reconquis leur Roi* & manifesté avec plus d'éclat l'amour qu'ils eurent toujours pour leurs souverains.

Oubliez, Messieurs, l'Orateur ; mais pensez, je vous supplie, à l'importance des deux questions que je vais traiter & je suis sûr de votre attention.

PREMIERE PARTIE.

Il est des sujets que les ressources brillantes de l'art oratoire ne peuvent qu'affoiblir. Tel est celui dont je viens vous entretenir.

Vous dire, Messieurs, que les Citoyens de la Capitale ; rendus à eux mêmes dans la mémorable journée du 13 Juillet 1789, font redevenus ce qu'ils devoient être ; c'est vous annoncer que cette portion de la France, toujours courageuse & toujours privilégiée, se fit remarquer constamment par son amour sincère de la gloire ; c'est vous rappeller que Paris, connu sous le nom de Lutece, dès les premiers jours de sa fondation, vit ses habitans mériter une place distinguée dans l'Histoire, que *César*, qui ne donnoit pas légèrement son admiration, en parle de la manière la plus avantageuse ; c'est vous rappeller que les Luteciens se conduisirent en héros contre l'armée de *Labienus*, qu'ils rompirent des ponts, qu'ils camperent sur les bords de la Seine, qu'ils mirent la rivière entre eux & le camp de l'ennemi, que bientôt la victoire couronna leur courage ; c'est vous rappeller que *Strabon* & *Ptolomé*, qui ont écrit depuis *César*, honorent cette ville du nom de Capitale ; c'est remettre enfin sous vos yeux les témoignages d'estime & d'affection que l'Empereur Julien lui donna à plusieurs reprises.

Qu'il est glorieux, Messieurs, d'avoir de pareilles époques à vous reproduire sur-tout lorsque vous les renouvellez si noblement ! Lorsque vous justifiez aujourd'hui, par un courage à toute épreuve, les éloges que les Empereurs les plus guerriers donnoient à cette Cité depuis plus de 14 siecles.

La douceur des habitans de cette ville belliqueuse pouvoit seule laisser prendre au despotisme son cruel empire ; disons plutôt que le Parisien, naturellement ami de la pompe & de la gloire, ne s'apperçut pas des chaînes que lui forgeoient des Rois conquérans & ambitieux : ils avoient, les perfides, l'art de les déguiser par un luxe éblouissant.

On ne pensoit pas que Louis XIV, par exemple, en enchainant à ses pieds des Nations étrangères, étoit le tyran de la sienne, & en reconnoissance de la splendeur qu'il donnoit au Royaume dans les quatre parties du monde, on oublioit ce qu'il faisoit au détriment de son peuple.

D'ailleurs, Messieurs, la Capitale toujours illustrée par les Sciences & par les Savants, toujours embellie par les Artistes & par les Arts, toujours visitée par les François & par les Etrangers, toujours le centre des nouvelles & des nouveautés, toujours frappée de tout ce qu'il y a de plus séduisant & de plus riche ; au milieu de ces diverses & brillantes agitations, la Capitale n'avoit pas le tems de s'occuper de son esclavage. Elle étoit subjuguée avec tant de grace, avec tant de rafinement, sous tant de prétextes spécieux, que ses paisibles habitans n'osoient se plaindre dans la crainte d'être condamnés par le grand nombre ; & voilà, Messieurs, comme les bandelettes de fleurs dont on couronnoit les victimes, comme les nuages d'encens dont on les environnoit, déroboient à nos regards le sang qui se répandoit avec profusion ; leur immolation étoit un triomphe au lieu d'être un sujet d'affliction & de désespoir.

Sans cela, Messieurs, qui auroit jamais souffert dans l'enceinte de la Capitale, cet affreux édifice dont le nom seul fait frémir, & que nos pères auroient sûrement renversé s'ils n'avoient pensé que tôt ou tard il s'affaisseroit sur une terre indignée d'en soutenir les fondemens ?

Bénies soient à jamais les mains heureuses qui ont abbatu ces murs effrayans où s'engloutissoient & l'iniquité des Ministres & l'innocence des Citoyens !

O intrépides Gardes Françoises ! je crois voir tomber devant vous comme à la voix seule des Israélites les tours de la superbe Jéricho !

Ah ! que n'ai-je dans ce moment, mes Concitoyens, mes freres, ce souffle divin qui, selon la vision du Prophete Ezéchiel, ranima sous ses yeux des monceaux d'ossemens arides, je communiquerois le mouvement & la vie aux cadavres désséchés, découverts dans les souterreins ténébreux où vous avez porté le jour & la Liberté, je les interrogerois ; & d'une voix sépulcrale & plaintive, ils réponderoient : nous pérîmes de minutes en minutes pendant des semaines entieres, sans autre boisson, sans autre aliment que l'amertume & nos larmes ; nous pérîmes sacrifiés par la fureur de Ministres prévaricateurs, en les vouant à l'exécration de tous les siecles & à l'indignation de l'Eternel ; nous pérîmes en conjurant le ciel de susciter un jour des Citoyens sensibles & généreux qui vengeassent notre mémoire. Vous avez été, Messieurs, ces Citoyens magnanimes ; quel titre d'honneur aux yeux de la Religion & de l'humanité !

Par ce trait de bravoure vous avez rendu aux habitans de la Capitale les droits qu'ils avoient perdu, & ces mêmes droits, Messieurs, vous les avez rendu à la Nation la plus douce, la plus civilisée & la plus capable de faire respecter la Liberté.

Anathême à qui voudroit s'attacher à l'effervescence de quelques momens pour dénigrer le peuple le plus équitable & le plus loyal ! Nulle Révolution dans l'Histoire tant sacrée que profane sans quelques traits d'inhumanité, mais ce sont là de ces premiers mouvemens qu'il ne faut jamais prendre pour le caractère d'une Nation. Le Parisien rendu à lui même, sera toujours l'ennemi de la licence & l'ami généreux de la Liberté.

Nous l'avons vu après les premiers troubles se porter en foule vers l'auguste montagne où l'immortelle Geneviève reçoit depuis tant de siècles les hommages de la Nation ; nous l'avons vu dans ses Cantiques exhaler sa reconnoissance & rendre graces à Dieu de ce que le calme avoit enfin succédé à la tempête. Un nouveau trait de gloire ! Messieurs, le Parisien déjà réduit aux horreurs de la famine, sans armes, sans munitions, sans autre secours que de lui-même, & dans un moment où il n'y avoit que des brigands déchaînés par les rues & les places publiques, se montra tout-à-coup au milieu du plus grand péril, & vola sur-le-champ au secours de ses frères. Evénement que je retrace avec d'autant plus de zèle que je parle dans le Temple même où se fit entendre le premier cri de la liberté françoise, devant le District qui donna un des premiers le signal du courage & de la valeur en rassemblant au son de la cloche les vrais patriotes dont on menaçoit la vie.

Il me semble l'entendre encore ce son terrible, mais salutaire, qui rappella autour de ces Autels des Citoyens qui vinrent jurer à la Patrie un amour invincible, des Citoyens qui se hâtèrent d'en donner des marques en désarmant les déprédateurs.

(10)

Job difoit, en parlant d'un jour funefte, qu'il foit effacé du nombre des jours, qu'il ne foit plus compté dans la fuite des fiècles; & nous difons au contraire, en parlant de la mémorable journée du 13 Juillet 1789, heureufe journée! que le fouvenir en foit à jamais confervé! heureufe journée qui détruifit cet efpionage illicite dont les menées fourdes tenoient les Citoyens entre la vie & la mort, & leur infpiroient le doute cruel de rentrer dans leur propre maifon chaque fois qu'ils en fortoient; heureufe journée qui mit la nation à l'abri de ces ordres occultes & arbitraires dont on ne connoiffoit ni le motif ni le but, & affura fon falut & fa liberté!

Le Parifien né pour les Sciences & les Arts, né pour jouir des douceurs de la fociété fous les aufpices d'une religion fainte, pourra donc déformais, fans rien craindre de la tyrannie, s'y livrer avec tranquillité; il n'aura plus les yeux fatigués de ces refpects idolâtres rendus aux riches & aux grands; il n'entendra plus les murmures d'un Peuple doux & opprimé que le joug d'un efclavage odieux avoit prefque réduit à la condition des animaux. Il ne dira plus que les Miniftres de la Religion l'offufquent par un luxe immodéré; mais il verra que tout reprend fa place, & que c'eft à votre zèle, Meffieurs, à votre amour pour la Nation qu'eft due cette félicité, félicité d'autant plus grande qu'elle augmente l'amour que les Citoyens de la Capitale eurent toujours pour leur Roi : c'eft le fujet de ma 2.e Partie.

SECONDE PARTIE.

Perfonne n'ignore que nos ancêtres, à l'exemple des Romains, des Ifraëlites & des Patriarches mêmes, fe donnèrent des Rois; qu'ils choifirent Pharamond pour leur premier Souverain; & que Paris, qui depuis cette époque ne cefla d'acquérir la prépondérance la plus diftinguée fur toutes les villes du monde, fe fignala par un attachement inviolable à fes Monarques. Ici on la vit fenfible à leur triomphe, faire éclater fa fatisfaction & fa joie; là vivement touchée de leurs revers, on la vit fe livrer à la douleur & fe couvrir du plus grand deuil.

Cependant, MM., il ne faut pas se le dissimuler, quelques respectables que soient les Souverains, loin d'être les Représentans de la Divinité & les pères du Peuple, comme ils devroient l'avoir toujours été, combien ne furent ils pas l'occasion des scènes les plus tragiques, soit par l'ambition qui les maîtrisa, soit par la confiance qu'ils donnèrent à d'indignes Ministres. Mille fois la tyrannie de ceux-ci ne rendit-elle pas les Monarques odieux ? Et quel vaste champ n'aurois-je pas à parcourir, si je voulois rassembler tous les traits de barbarie, tous les forfaits inouïs dont ces agens du pouvoir monarchique se rendirent coupables; l'homme le plus vertueux n'étoit pas à l'abri de leur cruauté; que dis-je ? c'étoit précisément sur lui qu'on fermoit ces affreux cachots, qu'on multiplioit ces énormes verrouils, qu'on rivoit ces fers accablans dont l'aspect seul glace l'âme d'effroi. A Dieu ne plaise que nous rappellions ici leurs noms ! Qu'ils demeurent à jamais confondus dans une nuit éternelle; qu'il n'y ait que la justice d'un Dieu vengeur des crimes qui s'en souvienne.

Quoique le François n'ait rien en lui-même de ce qui forme l'esclave; quoique l'habitant de cette Capitale eût toujours, Messieurs, une âme magnanime, capable des plus grands exploits, plutôt que de troubler l'ordre, il souffriroit en silence un joug qu'il ne pouvoit plus supporter. Le souvenir d'un Louis IX, d'un Charles V, d'un Louis XII, d'un Henri IV, lui faisoit oublier la tyrannie des Monarques qui abusèrent de leur pouvoir; la présentation d'un ordre émané de la Cour, tel qu'il pût être, suffisoit pour que le Citoyen s'y soumit sans résistance & sans examen; mais aujourd'hui que Louis XVI, ce Monarque qui, pour rendre le Peuple heureux, sacrifie jusqu'à l'éclat extérieur du Trône & du Diadême; ce Monarque qui se déclare le premier Citoyen, & devient l'enfant de la Patrie afin d'en être le père, notre soumission n'est point celle de l'esclavage; notre amour envers lui doit-il connoître des bornes ?

Admirez donc, MM., le bienfait d'une Révolution

sont toute la gloire vous appartient ; dans un moment où l'on croyoit qu'elle devoit éloigner le sujet du Monarque, elle nous attache plus que jamais à sa personne sacrée. Quel est en effet aujourd'hui parmi nous l'homme qui, voyant ce Roi Citoyen se décorer généreusement des couleurs de la Nation, & se faire gloire de les porter, quel est l'homme qui ne sente pas allumer pour lui dans son cœur l'amour le plus ardent !

Je ne crains pas de le dire, les Histoires de tous les Princes de la Terre disparoîtront au moment qu'on lira celle de notre auguste Monarque ; on auroit beau citer celle des *Titus*, des *Trajan*, des *Marc-Aurel* ; ces Empereurs étoient peut-être aussi amis du Peuple que Louis XVI l'est de la Nation ; mais bons par caractère, vertueux sans efforts, *Titus*, *Trajan*, *Marc-Aurel* n'ont eu ni piéges à éviter ni sacrifices à faire pour rendre leur Peuple heureux ; leur règne a été celui de la paix : & pouvant faire le bien sans choquer les intérêts particuliers, sans éprouver de contradictions, ils ont, à coup sûr, infiniment moins mérité que *Louis le Bienfaisant*, dont les intentions paternelles trouvent à chaque pas des obstacles, et dans les intrigues de sa propre Cour & dans l'incivisme presque général de ceux qui l'entourrent & l'approchent.

Titus, Trajan, Marc-Aurel ont régné sur leur Peuple avec douceur : mais Louis XVI est plus grand, plus généreux encore, puisqu'il ne veut faire qu'un avec le sien ; identité d'autant plus agréable à tous les cœurs vraiment François, qu'on ne peut crier *vive la Nation*, sans entendre répéter *vive le Roi*.

A qui devons-nous le bonheur de posséder ce Monarque Citoyen ? c'est à Dieu, mes chers frères, à Dieu seul, à cet Etre Suprême qui pèse nos destinées ; ce Dieu a jetté sur la France un regard de compassion ; &, las de nous voir avilis, écrasés par le despotisme des Rois, des Ministres & des Grands, il a dit : je renverserai les Tyrans, & la *Bastille* est tombée. La chûte de cet infâme repaire de leurs lâches vengeances a communiqué à tous les Empires de la Terre une secousse si violente, qu'elle a ébranlé le Trône des Despotes les plus orgueilleux & les plus absolus.

Néanmoins, Messieurs, observons qu'autant la Liberté nous est chère & avantageuse, autant la Licence nous seroit pernicieuse ; cette licence, qui ne respecte ni le sacré ni le profane, cette licence qui se joue de la vie des hommes comme des loix, & qui, ne connoissant d'autorité que des excès, ruine les familles, bouleverse les Empires, confond tous les Etats : abomination qui vous est heureusement inconnue ; les armes que j'apperçois entre vos mains n'étant destinées qu'à repousser les ennemis de la régénération & du bien public.

Grand Dieu ! telles sont vos vues, qui sont d'autant plus pures que vous armâtes vous-même, dans tous les tems, des Citoyens chargés de défendre leur patrie & de protéger vos autels. Il me semble voir, au moment de ce grand jour auquel nous touchons, & qu'on doit regarder, MM., comme la fête de votre patriotisme & le triomphe de votre valeur, il me semble voir les généreux Machabés, qui, réunissant leurs forces, leur génie, leur grandeur d'âme, défendirent leurs remparts & leur Nation. Ils se montrèrent comme des frères pleins de courage, n'ayant tous qu'un même esprit, qu'un même cœur, qu'une seule volonté ; & c'est ce que le jour de demain nous prépare, en offrant à nos yeux étonnés des Citoyens de tous les Départemens, qui se donneront le saint baiser de la paix, qui jureront au nom de leur conscience, au nom du Dieu vivant, de soutenir la Religion, la Loi, la Monarchie, la Constitution. Oui, je le répète, c'est demain que l'époque du 14 Juillet 1790, va être solemnellement consacré dans vos fastes. Nous pouvons dire, dans l'effusion de la plus heureuse attente & de la plus vive allégresse : demain le Seigneur nous fera sentir sa miséricorde en cimentant pour toujours la fraternité qui nous unit. *Cras Deus faciet inter nos mirabilia.*

Vous serez à cette Fête vous, mes Concitoyens & mes Frères, qui tenez le premier rang dans la Milice Françoise ; vous serez à cette Fête l'édifice placé sur la montagne, exposés aux regards d'une foule immense d'étrangers qui vous contempleront du fond du vallon ;

vous vous souviendrez de la dignité des fonctions que vous aurez à y remplir : destinés depuis l'instant de votre formation à veiller sur les dégrés du Trône, c'est vous qui couvrirez de votre bouclier le conducteur du Peuple d'Israël.

Vous embellirez aussi ce nouveau Colisée, Héroïnes Françoises, qui par une noble ardeur dont les siecles n'ont & n'auront peut être jamais d'exemple, en avez hâté les préparatifs : parées de rubans aux couleurs de la Nation, vous présenterez aux cœurs bien plus encore qu'aux yeux enchantés un spectacle digne des plus beaux jours d'Athènes & de Rome.

Et vous, tendres enfans, l'heureux espoir de ces meres vertueuses, vous raconterez dans votre vieillesse que vous l'avez vu ce beau jour qu'on peut dire être le triomphe du Peuple, en ce qu'il l'associe à tous les Grands de la terre, ne conservant tous que les titres de Chrétiens, de Citoyens & de Freres, les seuls titres qui soient précieux devant Dieu. Ce Dieu de paix qui, pour recevoir le juste tribut de votre reconnoissance, va descendre sur l'Autel de la Patrie.

(1) Nous avons joui, MM., de ce spectacle sublime & touchant ; des Députés de toutes les Provinces ont ajouté à cet intérêt ; toutes les ames confondues ne laissoient plus voir qu'une même ame, un même vœu, un même sentiment, & nous en jouissions encore par votre présence, ô mes Concitoyens. C'est vous, Dieu tout-puissant, qui avez fait retentir dans ces murs le cri sublime de la liberté, qui avez rallumé dans nos foyers le flambeau de l'amitié prêt à s'éteindre, qui avez reçu dans le sein de votre Divinité les protestations d'union, de paix, de concorde, de fraternité qui nous lient à ces braves Compatriotes, à ces Citoyens zélés, dont le patriotisme a soutenu le courage & leur a fait franchir des distances immenses pour venir de toutes les parties de l'Empire s'unir entierement &

---

(1) Après quelques légers changemens sur ce qui précéde, ce qui suit a été ajouté le 20 Juillet pour répondre à l'honneur que MM. les Fédérés nous firent en assistant à la Cérémonie.

jurer avec nous l'attachement le plus inviolable pour la Nation, la Loi, le Roi.

Ah ! que de barrieres s'abaissent déjà devant cette union si douce, devant cette amitié si saintement jurée ! Usages bisarres, coutumes opposées, priviléges odieux ; disparoissez : c'est un Peuple de Freres, c'est un Peuple d'Amis ; le dévouement à la Patrie, la fidélité à la Loi, l'amour pour le Roi, restaurateur de la liberté, peuvent seuls désormais en faire des rivaux ; ils oublieront d'ailleurs toute querelle, toute animosité particuliere pour ne penser qu'à la grande cause de la Patrie, & ils défendront leur liberté jusqu'au dernier soupir.

Ratifions à la face des Autels ces nobles sentimens qui nous animent, empressons-nous de rendre les plus vives actions de graces à Dieu qui en est l'auteur, publions à jamais sa bonté & ses grandeurs ; prosternons-nous devant sa majesté toute-puissante ; implorons ce Dieu des armées pour ces Ministres, ces Guerriers, ces Citoyens qui l'environnent ; implorons-le pour la Nation qu'il protége, pour la Constitution qu'il inspire, pour le Roi qu'il nous a donné dans sa miséricorde ; implorons-le jusqu'à ce qu'il récompense notre patriotisme d'une couronne immortelle dans l'éternité bienheureuse. Ainsi soit-il.

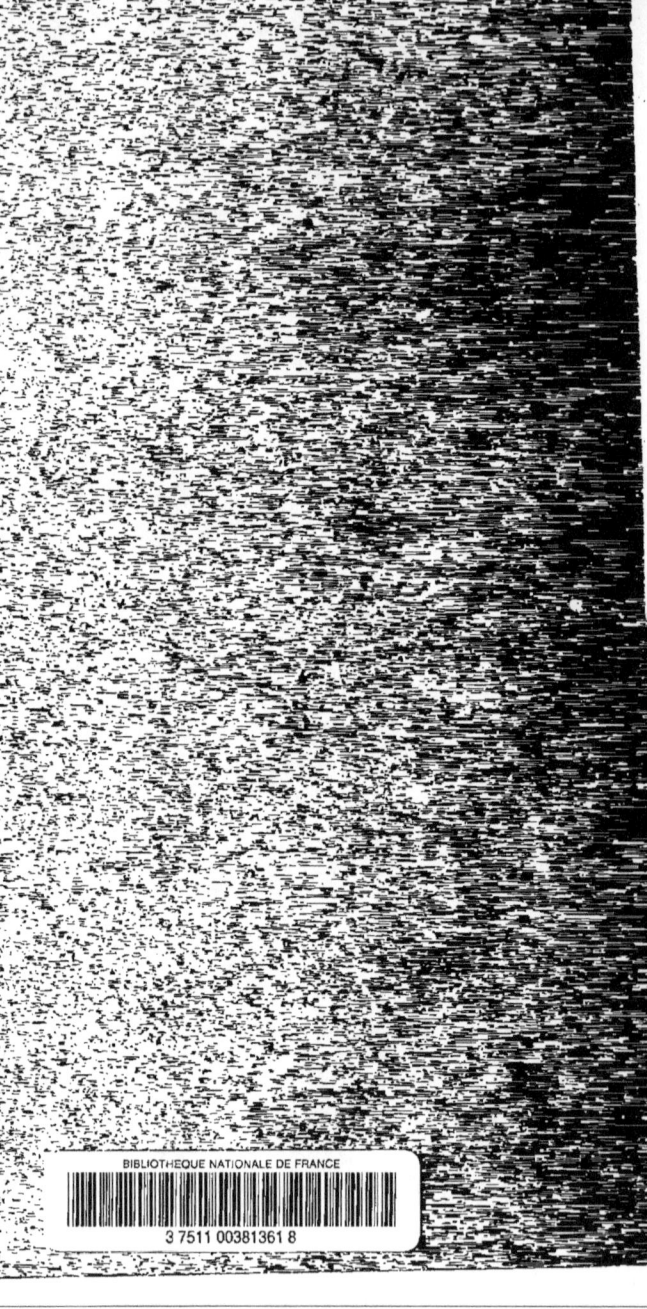

www.ingramcontent.com/pod-product-compliance
Lightning Source LLC
Chambersburg PA
CBHW060933050426
42453CB00010B/1992